TOM GRIMM

# DIE BUCKET LIST FÜR Potterheads

## 250 DINGE, DIE MAN ALS HARRY-POTTER-FAN GETAN HABEN SOLLTE

PLAZA

ist ein Imprint der

**HEEL Verlag GmbH**
Gut Pottscheidt
53639 Königswinter
Tel.: 02223 9230-0
Fax: 02223 9230-13
E-Mail: info@heel-verlag.de
www.heel-verlag.de


6. Auflage 2021

Autor: Tom Grimm
Covergestaltung: Christine Mertens, HEEL Verlag GmbH
Layout und Satz: Lukas Markus, Bonn
Projektleitung und Lektorat: Hannah Kwella

Bildnachweis:
© Adobe Stock: scusi (13), Annika Gandelheid (14), kriselka1 (16), татьяна петрова (16), istry (17/113), Moon (18), Kurt (21), moneti (22/23), pingebat (24), sanatgen (25), ngupakarti (28), jenesesimre (29), Kreatiw (30), Lullula (31), Afanasia (32), Oleksandr Babich (35/103), LuckySoul (36), Ekaterina, (37/38), danceyourlife (40/41), Oleksandr Babich (40/41), akininam (43), Morphart (44), marylia17 (44), godfather744431 (45/106), aksol (47), Iuliia (48), Kreatiw (51), Morphart (53), kamenuka (54), Alexander Pokusay (55), Julia (56), Olena (57), martialred (59), Egor Shilov (60), berdsigns (61), Marina (62), storozhuk (63), Qualit Design (65), sodesignby (67), kseniakr (70), Marina (71/75), endstern (73), beatwalk (74), Gondex (76), Fiedels (77), MicroOne (78), danceyourlife (80), Oleksandr Babich (82), miriam artgraphy (83), pixelliebe (84), Visual Generation (86), asmakar (87/118), Анна таранкова (89), ~ Bitter ~ (92/101), tuleedin (93), Visual Generation (94), lineartestpilot (96), channarongsds (97), yganko (99), Hulinska Yevheniia (102), pylypchuk25 (104), FourLeafLover (104), Olhapankiv (105), TalibovSignature (107), shik_shik (109), retrostar (111), OneLineMan.com (112), Zdenek Sasek (114/115), Andrey Kuzmin (116), Alexander Pokusay (119), Fukurou (120), createvil (121), channarongsds (122), artbalitskiy (124/125)
© Andere: wikipedia/JKRowlingsignature (26)



Printed in Czech Republic

ISBN 978-3-96664-127-2

*Für all jene da draußen,*
*die nicht verlernt haben,*
*zu fliegen – auch ohne*
*Nimbus 2000.*

DIESE BUCKET LIST GEHÖRT

.......................................................................................................

EHRENWERTES MITGLIED DES HAUSES*

.......................................................................................................

(*SIEHE SEITE 12)

# GIBT ES MAGIE?

Okay, wir haben die Ehrlich Brothers und Siegfried ohne Roy und irgendwo in Übersee zersägt ein Charles-Dickens-Fan mit Föhnfrisur mit Vorliebe teutonische Jungfrauen. Doch wenn man die News im Netz anklickt, die Zeitung aufschlägt oder die Nachrichten einschaltet und das Elend sieht, das tagtäglich auf der Welt passiert, ist man dennoch versucht, diese Frage zu verneinen.

Kriege, Naturkatastrophen, Hungersnöte, Pandemien ...
Die Liste der globalen Unbill ist so verflucht lang, dass man sich zwangsläufig bei dem Gedanken ertappt, ob es da draußen *überhaupt* irgendwas Gutes gibt, von etwas *Magischem* mal ganz zu schweigen.
Dabei braucht man bloß die Bücher von Joanne K. Rowling aufzuschlagen, ihres Zeichens Schöpferin des Potter-Versums, um sich eines Besseren belehren zu lassen! In der Zauberwelt von Harry Potter, dem „Jungen, der überlebt hat", sind Magie und Hexerei so real und alltäglich wie bei uns die Müllabfuhr, schlechtes Wetter oder die Steuern, bloß, dass wir „Muggel" davon nicht das Geringste ahnen. Wir sind blind für die Wunder dieser ganz besonderen Welt, in der Eulen die Post bringen, Filzhüte sprechen, freundliche Riesen mit rosa Regenschirmen auf Motorrädern durch die Lüfte knattern und man mit einem Wink seines Zauberstabs ein köstliches Mahl aus dem Nichts herbeizuzaubern vermag. Oder besser: Wir *waren* blind gegenüber alldem, denn mittlerweile kennt praktisch jeder auf diesem Planeten den Waisenjungen mit der nerdigen Brille und der blitzförmigen Narbe auf der Stirn.

Keine Frage: Harry Potter ist ein Phänomen!
Als am 26. Juni 1997 bei dem englischen Kleinverlag Bloomsbury mit einer Startauflage von mickrigen 500 Exemplaren *Harry Potter und der Stein der Weisen* erschien, der allererste HP-Roman, hätte sich wohl niemand träumen lassen, dass das Ganze ein derartiger Erfolg werden – und in eine Gesamtauflage von unfassbaren 500 Millionen Büchern in mehr als 80 Sprachen (sogar auf Latein!) münden würde.
Wie durch Zauberei hat Harry Potter aus der ehemaligen Sozialhilfeempfängerin J. K. Rowling die mit Abstand wohlhabendste Schriftstellerin der Welt gemacht – und die reichste Frau Großbritanniens, noch vor Königin Elisabeth II., die außerdem auch keinen eigenen Freizeitpark vorzuweisen hat, so wie JKR.

Seit über zwanzig Jahren ist die Faszination an der Geschichte von Harry Potter und seinem Kampf gegen Den-dessen-Name-nicht-genannt-werden-darf ungebrochen. Doch so vielfältig die Gründe hierfür auch sein mögen, zu den wichtigsten gehört zweifellos, dass Harry Potter *Kinder träumen lässt und Erwachsene wieder zu Kindern macht* – und das, obwohl es im Potter-Versum bloß vordergründig um Magie geht. Tatsächlich erweist sich die auf den ersten Blick so fantastische Welt von Harry, Ron, Hermine & Co. bei genauerer Betrachtung als geradezu ernüchternd normal. Denn abgesehen von ihren Zauberkräften sind Harry und seine Freunde ganz gewöhnliche Teenager mit denselben Sorgen und Nöten wie alle anderen ganz gewöhnlichen Teenager auch: Sie müssen für die Schule büffeln, haben Stress mit ihren Eltern, werden von Mitschülern gemobbt, erleben ihre erste große Liebe und ihren ersten herben Verlust - allesamt Dinge, mit denen sich ein jeder von uns identifizieren kann. Hinzu kommt, dass es am Ende weder Zaubersprüche noch Tränke oder irgendwelche anderen coolen magischen Gimmicks sind, die „Dumbledores Armee" über das Böse triumphieren lässt, sondern

Freundschaft, Mut und Opferbereitschaft, also grundmenschliche Tugenden, über die wir Muggel im selben Maße verfügen wie die Zauberkundigen in Harrys Welt. Hier wie dort hat jeder sein Schicksal selbst in der Hand, und hier wie dort muss man für das kämpfen, das man erreichen möchte. So gesehen ist HP vor allem anderen ein Synonym für den unbedingten Willen niemals aufzugeben, selbst wenn man einer ganzen Legion von Todessern gegenübersteht.

Harry Potter zeigt uns, dass die Welt zwar ein dunkler Ort ist, dass sie es aber nicht bleiben muss – dass *wir* selbst die Macht besitzen, die Dinge zum Besseren zu wenden, wenn wir nur zusammenhalten und für unsere Überzeugungen eintreten. Harry und seine Freunde lehren uns, dass alles, was es braucht, um ungeachtet aller Rückschläge weiterzukämpfen und am Ende zu triumphieren, nicht Zauberei ist, sondern *Hoffnung*. So lange man die Hoffnung nicht verliert, ist die Schlacht noch lange nicht entschieden!

Und noch etwas lehrt uns Harry, der die ersten zehn Jahre seines Lebens unerwünscht und ungeliebt in der winzigen Kammer unter der Treppe der grässlichen Familie Dursley im Ligusterweg dahinvegetieren musste, nämlich, dass man das Gute, das einem im Leben zuteilwird, niemals als selbstverständlich erachten sollte, zumal wir alle im Gegensatz zu Ihr-wisst-schon-wem nicht – Achtung, Megaspoiler! – *nicht – unsterblich – sind*. Ob es uns gefällt oder nicht, unsere Zeit in diesen Gefilden ist begrenzt. Nicht zuletzt deshalb sollte man das Beste daraus machen – jeden einzelnen Tag. Eigentlich eine Selbstverständlichkeit. Doch dummerweise kommen uns dabei allzu oft zwei verteufelt fiese Widersacher in die Quere, gegen die der „dunkle Lord" so bedrohlich wirkt wie das Pummeleinhorn, rosa Wattebäuschchen oder Bratwurstschnecken.

Einer davon ist der *Alltag*, ein wahrhaft unerbittlicher Gegner, schlimmer als ein Dutzend Irrwichte. Denn so schön unsere Träume auch sind, meist kostet es Zeit und – machen wir uns nichts vor – bisweilen auch den zweiten Widersacher, das nötige Kleingeld, um sie wahrwerden zu lassen. Und wenn man seine Träume deshalb immer weiter aufschiebt, dann kommt eines Tages der Punkt, an dem man sie mit einem Seufzen in die imaginäre Tonne verlorener Wünsche stopft, weil daraus „ja eh nichts wird". Weil einem die Zeit fehlt ... oder das Geld ... oder in Lappland gerade der erste Schnee fällt ...

Ein frisches Grab auf dem Friedhof der beerdigten Wünsche.
Doch mit jedem aufgegebenen Traum schwindet auch ein Stückchen Hoffnung, ein Stückchen Lebensqualität – ein Stückchen von *dir selbst*. Und nichts ist schlimmer, als keine Träume mehr zu haben.

Denn was wären wir ohne Träume?

Vermutlich so verbittert und griesgrämig wie „Krötengesicht" Dolores Umbridge, der „rosa Schrecken".
Und das will nun wirklich keiner.
Das Gute ist: Das lässt sich verhindern!
Denn letztlich sind die meisten Gründe dafür, etwas *nicht* zu tun, bloß Ausflüchte und faule Ausreden. Genau wie das meiste von dem, was diesem rückgratlosen Lurch Draco Malfoy so über die Lippen kommt. Machen wir uns nichts vor: Die größte Hürde beim Verwirklichen unserer Träume sind weder Zeit noch Geld, sondern ein Feind, der sogar noch gnadenloser ist als Voldemort und seine Sippe hundsgemeiner Reinblüter: *unsere eigene Bequemlichkeit!*

Viele der Dinge, die ein wahrer Potterhead einmal im Leben getan haben sollte, kosten nicht das Mindeste – außer, den inneren Schweinehund zu überwinden, über den eigenen Schatten zu springen und endlich zu tun, was man sich schon so lange vorgenommen hat!

Aber wie heißt es noch?
„Auch die längste Reise beginnt mit einem ersten Schritt!" Und diesen ersten Schritt hast du bereits getan, indem du dir dieses Buch angeschafft hast. Alles Weitere liegt nun bei dir!

Diese Bucket List soll dir als Inspiration – und auch ein bisschen als Motivation – dienen, um auf den Spuren von Harry & Co. großartige Erfahrungen zu machen und Erlebnisse zu sammeln, die du nie wieder vergisst. Denn schlussendlich sind es nicht die *schlechten* Dinge, die einem im Gedächtnis bleiben, sondern die besonderen Momente, all die kleinen und großen Augenblicke, die andere vielleicht für unbedeutend oder gar albern halten und überhaupt nicht verstehen, warum sie dir so unglaublich kostbar sind, dass dir allein der Gedanke daran ein Lächeln auf die Lippen zaubert. Doch was *andere* davon halten, spielt überhaupt keine Rolle. Denn hier geht es ausnahmsweise einmal ganz allein um *dich*, um *dein* Leben und *deine* Träume, und scheiß drauf, was irgendjemand sonst davon hält!

Also nochmal: Gibt es Magie?
Was mich betrifft, ja. Denn ich glaube, die eigentliche Frage muss lauten: Was ist für uns magisch?

Für mich z. B. ist die Abenddämmerung an der Ostsee an Zauber kaum zu überbieten, wenn die Sonne langsam rotgolden im Meer versinkt ... oder wenn ich morgens aus dem Fenster schaue und im Frühnebel ein Reh auf der Wiese neben der Terrasse steht ... oder wenn ich meine Kinder mit albernen Grimassen derart zum Lachen bringe, dass sie sich kaum wieder einkriegen ...

Das ist die schönste Magie, die ich kenne.

Und das Beste daran: Man kann sie auch als Muggel praktizieren!
Also warte nicht länger! Schnapp dir deinen selbstgebastelten Zauberstab, schwing dich auf deinen Nimbus 2000-Gartenbesen und lass deine Träume wahr werden! Nimm dir ein Beispiel an Harry und seinen Freunden und fang an, dein Leben mit Zauberei und Wundern zu füllen! Und wenn du schon dabei bist, lass uns alle an den tollen Erfahrungen teilhaben die du dabei machst und poste sie mit dem Hashtag #hpbucketlist bei Instagram, Facebook oder Twitter, um andere dazu zu ermutigen dir nachzueifern. Denn manchmal ist alles was wir brauchen, um endlich all das zu tun was wir schon immer tun wollten, ein kleiner Schubs.

Hier ist deiner: *Schubs!*
Mach was draus!

Alles Liebe

Tom Grimm

REPELLO MUGGELTUM!

MUGGEL MÜSSEN DRAUSSEN BLEIBEN!

*Hogwarts ist in vier verschiedene Häuser unterteilt, jeweils benannt nach den Gründern der weltberühmten Zauberschule: Gryffindor, Hufflepuff, Ravenclaw und Slytherin. Bei seiner Einschulung wird jeder neue Schüler gemäß seinen Charaktereigenschaften einem dieser Häuser zugewiesen. Harry, Ron und Hermine z. B. sind in Gryffindor.*

*ZU WELCHEM HAUS GEHÖRST DU? Falls du gerade keinen Sprechenden Hut zur Hand hast, um das zu bestimmen, tut´s auch das Internet:*

○ *GEH AUF DIE WEBSEITE WWW.WIZARDINGWORLD.COM UND LASS DICH UNTER DEM MENÜPUNKT „DISCOVER YOUR HOGWARTS HOUSE" EINEM HAUS ZUWEISEN!*

*Zu welchem Haus gehörst du?*

Wurdest du einem Haus zugewiesen? Gut!
Aber was wäre, wenn du Hogwarts um ein eigenes Haus erweitern könntest?

# ○ ERFINDE EIN EIGENES HAUS!

Wie würde dein Haus heißen?

Jetzt, wo du dein eigenes
Hogwarts-Haus hast,
**gestalte das dazugehörige Wappen!**

# WERDE MITGLIED IM OFFIZIELLEN HARRY-POTTER-FANCLUB

- [ ] und registriere dich unter wizardingworld.com!

## Lies alle sieben Harry-Potter-Romane!

**Falls du das bereits getan hast (was mit ziemlicher Sicherheit der Fall ist), dann lies sie nochmal!**

- [ ] *Harry Potter und der Stein der Weisen*
- [ ] *Harry Potter und die Kammer des Schreckens*
- [ ] *Harry Potter und der Gefangene von Askaban*
- [ ] *Harry Potter und der Feuerkelch*
- [ ] *Harry Potter und der Orden des Phönix*
- [ ] *Harry Potter und der Halbblutprinz*
- [ ] *Harry Potter und die Heiligtümer des Todes*

○ Erwirb einen original Harry-Potter-Zauberstab.

LIES ALLE *ANDEREN* BÜCHER VON J. K. ROWLING, DIE IM POTTER-VERSUM SPIELEN, ALSO:

*Phantastische Tierwesen und wo sie zu finden sind* ○

*Quidditch im Wandel der Zeiten* ○

*Die Märchen von Beedle dem Barden* ○

## LERNE EINEN ○ ZAUBERTRICK

Und nein, zu machen, dass die Luft stinkt, zählt nicht!

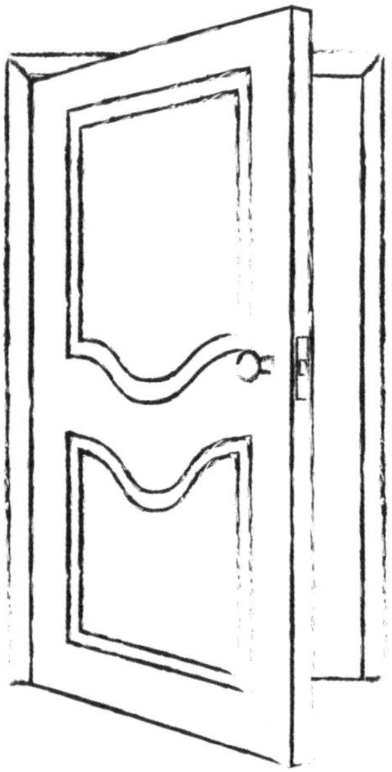

Sag beim Öffnen von Türen voller Inbrunst

„ALOHOMORA!"

Schaff dir einen rosa Regenschirm an, so wie Hagrid ihn besitzt! Aber erwarte nicht, dass du damit Feuer entfachen kannst.

Falls doch, steht hoffentlich ein Eimer Wasser zum Löschen parat!

- [ ] Probiere Professor Dumbledores Lieblingsleckerei: Sherbet Lemons-Zitronenbonbons!

Du bekommst diese Bonbons in vielen Geschäften, die britische Spezialitäten anbieten, oder im Internet.

○ BESORGE DIR EINEN HARRY-POTTER-ROMAN IN EINER BELIEBIGEN ANDEREN SPRACHE ...

... UND LIES IHN – ODER VERSUCH ES ZUMINDEST! ○

Zum Glück gibt´s Wörterbücher und dict.cc! Für alle 100 Seiten, die du schaffst, erhältst du **5 HERMINE-STREBERPUNKTE!**

HERMINE-STREBERPUNKTE: ☐

○

## Gehe als dein Lieblingscharakter zum Fasching/Karneval/Verkleidungsfest!

Als welcher Charakter verkleidest du dich?

- ○ Harry Potter
- ○ Ron Weasley
- ○ Hermine Granger
- ○ Rubeus Hagrid
- ○ Professor Dumbledore
- ○ Severus Snape
- ○ Luna Lovegood
- ○ Dobby, der Hauself
- ○ Oder du verkleidest dich als: ____________________

Besorge dir eine **ERSTAUSGABE** eines beliebigen HP-Romans, egal in welcher Sprache!

# BESORGE DIR EINEN ANTI-STRESS-BALL, TAUFE IHN AUF DEN NAMEN „RITA KIMMKORN" – UND LASS ALL DEINE MÜHSAM UNTERDRÜCKTEN AGGRESSIONEN DARAN AUS!

*Nur keine Scheu: Rita hat´s verdient!*
*Im Übrigen: Wer austeilt, muss auch einstecken können!*

◯ Lies das Theaterstück

***HARRY POTTER UND DAS VERWUNSCHENE KIND***

von J. K. Rowling und Jack Thorne!

## LIES DIE DREHBÜCHER, DIE J. K. ROWLING ZU DEN PHANTASTISCHE TIERWESEN-FILMEN GESCHRIEBEN HAT.

- ◯ *Phantastische Tierwesen und wo sie zu finden sind*
- ◯ *Grindelwalds Verbrechen*

## BESUCHE EINE AUFFÜHRUNG DES STÜCKS *HARRY POTTER UND DAS VERWUNSCHENE KIND,*

dem offiziellen 8. Teil der HP-Saga, im eigens hierfür umgebauten Mehr!-Theater am Großmarkt in Hamburg (ab April 2021)!

Nähere Informationen hierzu findest du im Internet unter www.harry-potter-theater.de.

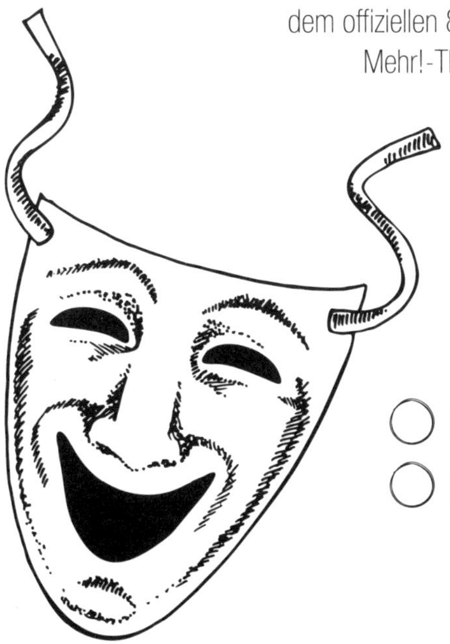

- ◯ *Harry Potter und das verwunschene Kind, Teil Eins*
- ◯ *Harry Potter und das verwunschene Kind, Teil Zwei*

Höre dir die Musik von Imogen Heap zum Theaterstück

*HARRY POTTER AND THE CURSED CHILD*

an!

Bastle dir ein Türschild mit der Aufschrift:

„Pssst, schlafender Fluffy!
Zutritt verboten!“

# Besorge dir eine möglichst seltene Ausgabe eines Harry-Potter-Romans!

Zu den rarsten Exemplaren gehört natürlich die Erstausgabe von *Harry Potter and the Philosopher´s Stone*, die 1998 in einer Auflage von gerade mal 500 Exemplaren bei Bloomsbury erschien.

**2018 wurde eine dieser Erstausgaben (obendrein signiert von J. K. Rowling) für 160.000 Euro versteigert. Eines dieser Exemplare in die Finger zu bekommen, dürfte ohne magische Kräfte (oder ein Verließ voller Gold bei Gringotts Zaubererbank) also nahezu ausgeschlossen sein.**

Doch es gibt noch andere seltene HP-Raritäten, wie z. B. die exklusive englische Sammlerausgabe von *The Tales of Beedle the Bard* (2008). Auf einigen Online-Plattformen und bei amazon-Marketplace kann man bisweilen Exemplare davon für halbwegs erschwingliche Summen ergattern.
Also halte die Augen offen!

# LASS DIR EIN BUCH VON J. K. ROWLING SIGNIEREN!

***Dafür gibt es satte 20 HERMINE-STREBERPUNKTE, wenn sie das Buch mit einer persönlichen Widmung für dich versieht!*** *Eine gute Gelegenheit hierfür sind z. B. Lesungen oder HP-Conventions, auf denen die Autorin bisweilen auftritt. Oder du versuchst es einfach per Eulenpost inkl. frankiertem Rückumschlag und ein paar freundlichen Zeilen bei dieser Adresse:*

***J.K. Rowling***
***c/o Bloomsbury Publishing PLC***
***50 Bedford Square***
***London WC1B 3DP***
***United Kingdom***

HERMINE-STREBERPUNKTE:

## Tu Gutes, indem du eine englische Taschenbuchausgabe von *THE TALES OF BEEDLE THE BARD* erwirbst!

Denn sämtliche Nettoerlöse aus dem Verkauf des Buches kommen Lumos zugute, einer gemeinnützigen Organisation, die von J. K. Rowling gegründet wurde und Heimkinder in aller Welt unterstützt. Nähere Informationen zu Lumos findest du unter **www.wearelumos.org.**

## Hör dir die ungekürzten Hörbücher aller HP-Romane an, auf Deutsch gesprochen von Rufus Beck!

- ◯ *Harry Potter und der Stein der Weisen*
- ◯ *Harry Potter und die Kammer des Schreckens*
- ◯ *Harry Potter und der Gefangene von Askaban*
- ◯ *Harry Potter und der Feuerkelch*
- ◯ *Harry Potter und der Orden des Phönix*
- ◯ *Harry Potter und der Halbblutprinz*
- ◯ *Harry Potter und die Heiligtümer des Todes*

○ SCHREIBE EINE EIGENE HARRY-POTTER-GESCHICHTE …

○ … UND VERÖFFENTLICHE SIE IM INTERNET AUF EINER HP-FAN-SEITE!

# SIEH DIR ALLE ACHT HARRY-POTTER-FILME AN!

- ◯ HARRY POTTER UND DER STEIN DER WEISEN
- ◯ HARRY POTTER UND DIE KAMMER DES SCHRECKENS
- ◯ HARRY POTTER UND DER GEFANGENE VON ASKABAN
- ◯ HARRY POTTER UND DER FEUERKELCH
- ◯ HARRY POTTER UND DER ORDEN DES PHÖNIX
- ◯ HARRY POTTER UND DER HALBBLUTPRINZ
- ◯ HARRY POTTER UND DIE HEILIGTÜMER DES TODES, 1. TEIL
- ◯ HARRY POTTER UND DIE HEILIGTÜMER DES TODES, 2. TEIL

## Und die Steigerung:

◯ *SIEH DIR ALLE ACHT HARRY-POTTER-FILME AN EINEM WOCHENENDE AN!*

*Die Gesamtlaufzeit der Filme beträgt 1176 Minuten oder 19,6 Stunden. Also stell unbedingt genügend Butterbier und Knabberzeugs bereit!*

# SIEH DIR DIE EXTENDED EDITIONS DER ERSTEN BEIDEN HARRY-POTTER-FILME AN!

DIESE FILME ENTHALTEN IN DER EXTENDED-VERSION EINIGE SEHR INTERESSANTE SZENEN, DIE IN DER KINOFASSUNG DER SCHERE ZUM OPFER GEFALLEN SIND.

- ◯ *Harry Potter und der Stein der Weisen* (ca. 5 Minuten länger)
- ◯ *Harry Potter und die Kammer des Schreckens* (ca. 12 Minuten länger)

Harry ist ein Waisenjunge. Obwohl die grässlichen Dursleys ihm ein Dach über dem Kopf gaben, war er bei ihnen nicht willkommen. Das zeigt sich auch daran, dass er im Gegensatz zu Dudley nie etwas zum Geburtstag bekommen hat – schon gar keine so prachtvolle rosa Torte, wie Hagrid sie Harry zu seinem 11. Geburtstag schenkt!

MACHE JEMANDEM, DER DIR LIEB UND TEUER IST, EINE FREUDE UND SCHENKE IHM ZUM GEBURTSTAG EINE SELBSTGEMACHTE HP-TORTE, MITSAMT SCHRIFTZUG UND ALLEM DRUM UND DRAN!

HAPPEE BIRTHDAE, HARRY!

# Schau dir die bisher erschienenen Phantastische-Tierwesen-Filme an!

*Phantastische Tierwesen und wo sie zu finden sind* ◯

*Grindelwalds Verbrechen* ◯

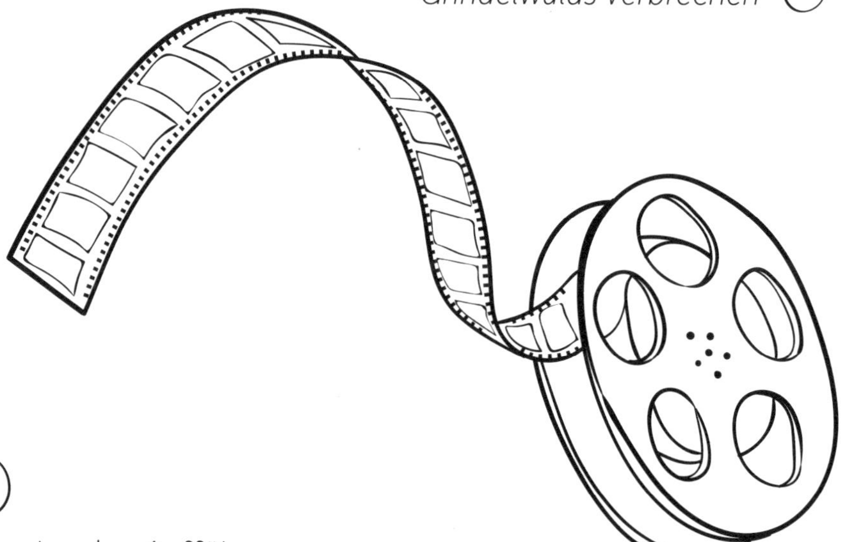

◯

Besuche eine Aufführung von *HARRY POTTER AND THE CURSED CHILD* im Palace Theatre in London oder im Lyric Theatre in New York City!

Dafür gibt´s wohlverdiente **20 HERMINE-STREBERPUNKTE** – und eine Erfahrung, die du garantiert nie wieder vergisst!

HERMINE-STREBERPUNKTE: ☐

Spiele mit deinen Freunden die Harry-Potter-Edition des Spieleklassikers *Cluedo*!

### ÜBERNACHTE IN EINER VERZAUBERTEN KAMMER IM GEORGIAN HOUSE HOTEL IN LONDON!

*Durch einen von typischen Hogwarts-Gemälden gesäumten Korridor gelangst du in dein Zimmer, das mit seinen Buntglasfenstern, den Steinmauern, den Truhen und der Harry-Potter-Deko geradewegs aus der Zauberwelt entsprungen zu sein scheint!*

*Übrigens: Die Tür zu der Kammer ist hinter einem Bücherregal verborgen! Wie cool ist das denn?*

*Weitere Infos gibt´s im Netz unter georgianhousehotel.co.uk.*

„Es heißt Oreeegano und NICHT Oregaaano!“

○ VERHALTE DICH EINEN TAG LANG SO, WIE ES DEIN LIEBLINGSCHARAKTER AUS DER HARRY-POTTER-SAGA MACHEN WÜRDE.

○

Genieße eine gepflegte Tasse Tee im

# THE ELEPHANT HOUSE!

In diesem wunderbar heimeligen Café in der Altstadt von Edinburgh hat Joanne K. Rowling ihrerzeit große Teile des ersten und zweiten Harry-Potter-Romans geschrieben. Nähere Informationen zu The Elephant House findest du unter elephanthouse.biz.

○

Und wenn du schon in Edinburgh bist,

**STATTE DEM CAFÉ NICOLSON´S (EHEMALS DAS SPOON CAFÉ) EINEN BESUCH AB**

und

**FOTOGRAFIERE DICH MIT DER KLEINEN TAFEL AN DER HAUSWAND,**

die verkündet, dass J. K. Rowling im 1. Stock eben dieses Gebäudes einige der allerersten Kapitel von Harry Potter und der Stein der Weisen verfasst hat!

Begib dich in eine echte britische Telefonzelle (eine von den knallroten), so wie die in der Londoner Innenstadt, mit der Mr. Weasley und Harry in Harry Potter und der Orden des Phönix ins Zauberei-Ministerium gelangen, und tippe die Nummer 6-2-4-4-2 ein!

Ein Blick auf die Wähltasten offenbart, dass diese Zahlenkombination keineswegs willkürlich ist, da sich die Ziffern den Buchstaben auf den Tasten zuordnen lassen und zusammen das Wort MAGIC, also MAGIE, ergeben.

6-2-4-4-2

## Gib J. K. Rowling ein High-Five!

Im Hof der Edinburgh City Chambers, des altehrwürdigen Rathauses im Herzen der Stadt, sind – ähnlich wie auf dem „Walk of Fame“ in Hollywood – die bronzenen Handabdrücke von J. K. Rowling zu finden, seit die Autorin 2008 mit dem Edinburgh Award für „besondere Leitungen“ ausgezeichnet wurde.

## BASTLE DIR EINEN ZAUBERSTAB!

Das ist viel leichter, als du vielleicht denkst. Im Internet findest du einige kreative Anleitungen dazu.

**Schenke jemandem, der dir am Herzen liegt,** einen Zauberstab, der zu ihm passt.

## Schlendere durch die Victoria Street in Edinburgh, die J. K. Rowling als Inspiration für die Winkelgasse diente!

*Abgesehen davon, dass diese Straße mit ihren knallbunten Häusern an sich schon ein echter Hingucker ist, befinden sich hier gleich zwei bezaubernde Harry-Potter-Shops, die du dir nicht entgehen lassen solltest!*

## BESUCHE DAS HARRY-POTTER-MUSEUM!

Das Museum Context befindet sich in oben genannter Victoria Street in Edinburgh. Nähere Informationen hierzu findest du unter museumcontext.com.

# ○ Reite auf einem imaginären HIPPOGREIF!

Das sieht vielleicht albern aus,
macht aber verdammt viel Spaß!

*Schicke jemandem, den du lange nicht gesehen hast, eine Eulenpost – oder zumindest einen richtigen Brief, mit Tinte, auf Papier, auch wenn ihn schließlich der stinknormale Postbote bringt!*

Spiele das berühmte Titelthema der Harry-Potter-Filme auf einem Instrument deiner Wahl, egal ob Tuba, Blockflöte oder Triangel.

Zur Not tut's aber auch halbwegs anständiges Pfeifen!

**Spiele mit deinen Freunden eine Partie Stadt – Land – Fluss, aber ersetze die Kategorien durch Begriffe aus dem Potter-Versum!**

Wie wäre es also, wenn ihr **HP Charakter – Magisches Tierwesen – Zauberspruch** spielt?

Bemale ein großes Plakat mit dem Portrait der Fetten Dame und hänge es an deine Zimmertür.

Wenn jemand den Raum betreten will, muss er vorher das richtige Passwort nennen.

# PROBIERE BERTIE BOTTS BOHNEN IN JEDER GESCHMACKSRICHTUNG!

**Und hoffe, dass du nicht Ohrenschmalz, Hundefutter oder Windel erwischst!**

IGITT! POPEL!

- ○ Schwarzer Pfeffer
- ○ Zuckerwatte
- ○ Grüner Apfel
- ○ Wurst
- ○ Erbrochenes
- ○ Erdbeermarmelade
- ○ Schokoladenpudding
- ○ Kokosnuss
- ○ Schmutziges Spülwasser
- ○ Kutteln
- ○ Grapefruit

- ○ Kirsche
- ○ Erde
- ○ Geröstete Marshmallows
- ○ Zitrone
- ○ Wassermelone
- ○ Kaugummi

- ○ Ohrenschmalz
- ○ Seife
- ○ Tausendfüßler
- ○ Zahnpasta
- ○ Schimmeliger Käse
- ○ Gebackene Bohnen
- ○ Brokkoli

- ○ Nasenpopel
- ○ Zimt
- ○ Gras
- ○ Faule Eier
- ○ Tutti-Frutti
- ○ Meerrettich
- ○ Hundefutter
- ○ Karamell-Popcorn
- ○ Heidelbeerkuchen
- ○ Chili

*Hhhmm! Popcorn!*

# ○ BESUCHE EINE HARRY-POTTER-CONVENTION!

Es gibt **5 zusätzliche HERMINE-STREBERPUNKTE,** wenn du dich zu diesem Anlass stilecht als deine Lieblingsfigur des Potter-Versums verkleidest! „Beweisbilder" kannst du gern unter dem Hashtag #hpbucketlist bei Instagram, Facebook oder Twitter posten!

HERMINE-STREBERPUNKTE:

(hier Foto einkleben)

BESORGE DIR
AUS DEM NETZ
**ALLE MÖGLICHEN
COOLEN HP-MEMES
UND -GIFS.**

Davon kann man schließlich nie genug haben!

# BESUCHE HARRY POTTER IN CONCERT,

das magische Musikerlebnis, bei dem ein großes Orchester die legendäre Filmmusik von John Williams live spielt, während simultan die entsprechenden Filmszenen auf einer Großleinwand laufen! Da ist Gänsehaut garantiert!

# WANDERER, KOMMST DU NACH LONDON …

London spielt in der Harry-Potter-Saga eine zentrale Rolle. Dementsprechend gibt es in der britischen Hauptstadt eine ganze Menge Dinge, die du dir hier als echter Potterhead ansehen bzw. unternehmen kannst! Du solltest unbedingt …

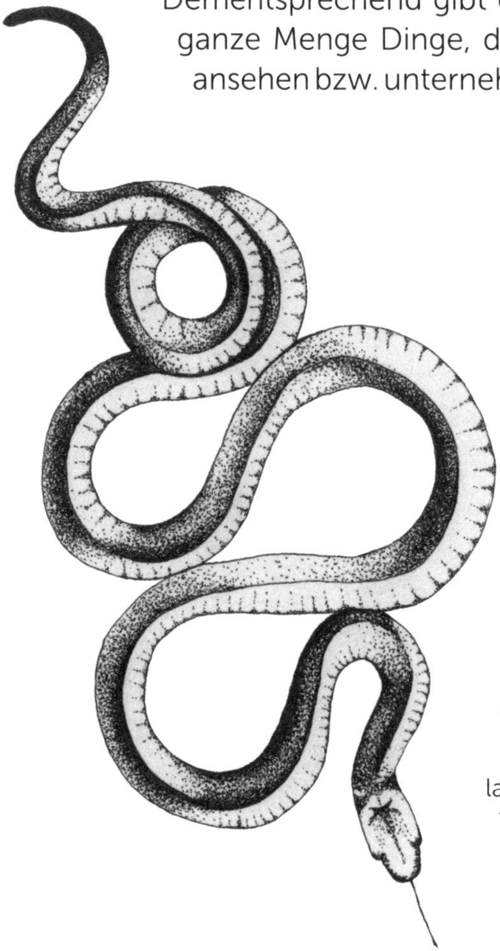

## … DAS REPTILIENHAUS DES LONDONER ZOOS BESUCHEN UND HIER MIT DEN SCHLANGEN SPRECHEN.

Keine Sorge, das ist okay – jedenfalls, so lange du nicht erwartest, dass sie antworten! Tun sie das doch, empfiehlt sich zeitnah ein Besuch beim Psychiater – oder bei einem guten Exorzisten mit Erfahrung im Kampf gegen die Dunklen Künste!

## ... DIE MILLENNIUM BRIDGE AUFSUCHEN,

die am Anfang des Films von Harry Potter und der Halbblutprinz einstürzt.

## ... DAS HAUPTQUARTIER VON NEW SCOTLAND YARD BESUCHEN.

Die Gegend rings um das Hauptquartier der Metropolitan Police in Westminster mag auf den ersten Blick vielleicht nicht sonderlich beeindruckend wirken, dient jedoch gleich in mehreren HP-Filmen (u. a. *Harry Potter und der Orden des Phönix* und *Harry Potter und die Heiligtümer des Todes*, 1. Teil) als Schauplatz.

## … DEM PICCADILLY CIRCUS IM HERZEN LONDONS EINEN BESUCH ABSTATTEN,

wo diverse Aufnahmen für den Film *Harry Potter und die Heiligtümer des Todes,* 1. Teil gemacht wurden. Als Harry, Ron und Hermine von Bill und Fleurs Hochzeit disapparieren, weil die Feier von Todessern angegriffen wird, tauchen sie z. B. hier in der Shaftesbury Avenue wieder auf.

## … DEN BOROUGH MARKET BESUCHEN,

wo sich im Film *Harry Potter und der Gefangene von Askaban* der Eingang des Tropfenden Kessels befindet (7 Stoney Street).

# … DEN BAHNHOF ST. PANCRAS INTERNATIONAL STATION BESUCHEN,

dessen neugotische Fassade in den Filmen zu sehen ist, wann immer Harry in den Hogwarts-Express steigt. Auch Szenen aus *Harry Potter und die Kammer des Schreckens* wurden hier gedreht, vor allem mit dem fliegenden Ford Anglia der Weasleys.

## ... DEM LEADENHALL MARKET EINEN BESUCH ABSTATTEN.

Dieser überdachte viktorianische Markt in der City of London war Drehort für verschiedene HP-Filme. In *Harry Potter und der Stein der Weisen* wurde er z. B. als die Winkelgasse genutzt. Scharfsichtige Fans werden in der Bull´s Head Passage zudem die blaue Tür des Optikers als Eingang des Pubs *Zum tropfenden Kessel* erkennen.

## ... DIE HARROW SCHOOL IN LONDON AUFSUCHEN.

Diese berühmte Schule im Nordwesten der Stadt diente als Kulisse für zahlreiche Innenaufnahmen von Hogwarts. Hier wurden u. a. viele Zauberunterricht-Szenen und Aufnahmen aus der Großen Halle gedreht.

# ... DAS BERÜHMTE GLEIS 9 3/4 IN DER KING´S CROSS STATION BESUCHEN,

dem bekannten Londoner Fernbahnhof und **EIN FOTO VON DIR VOR DER ZIEGELWAND MACHEN, IN DER DER HALBE GEPÄCKWAGEN VERSCHWINDET!** Alternativ kannst du von dem Fotografen vor Ort auch ein professionelles Bild von dir machen lassen. Dummerweise kann man die Schlange, die fast immer vor dem dazugehörigen Shop steht, um besagtes Bild anschließend käuflich zu erwerben, nicht einfach mit einem Verschwinde-Zauber verschwinden lassen ...

## ○ Sieh dir sämtliche Extras/Specials an, die auf den DVDs/Blu-Rays der Harry-Potter-Filme enthalten sind!

## SIEH DIR EINEN FILM AUS DEM POTTER-VERSUM IM KINO AN! ○

Falls du das in der Vergangenheit bereits getan hast, dann herzlichen Glückwunsch! Ein leicht abgehakter Punkt auf deiner Bucket List.

Falls nicht, kommt deine nächste Chance voraussichtlich im November 2021, wenn der 3. Teil von Phantastische Tierwesen das Licht der Leinwand erblickt. Ansonsten laufen in irgendeinem Programmkino in deiner Nähe mit Sicherheit hin und wieder auch die „alten" HP-Streifen!

Jeder Zauberkundige besitzt einen Patronus, einen persönlichen Beschützer in Tiergestalt. Harrys Patronus z. B. ist eine Hirschkuh.

## BESTIMME DEINEN PATRONUS!

Gehe hierzu auf die Webseite wizardingworld.com und mach den Test!

Was ist dein Patronus?

# ○ FLIEG MIT EINEM BESEN!

Wie, das klappt nicht? Na ja, immerhin hast du es versucht, und nur darauf kommt es an!

## HÖR DIR WIZARD ROCK AN!

Wizard Rock oder W-Rock ist ein Untergenre der Rockmusik, das seinen Ursprung im Potter-Versum hat. Zu den bekanntesten Vertretern des W-Rock gehören Harry and the Potters, Draco and the Malfoys und The Moaning Myrtles. Bei YouTube findest du alle möglichen coolen Songs dieser Bands. Da wünscht man sich doch fast eine Frisur wie Lucius Malfoy, um so richtig Headbangen zu können!

## BESTELL DIR BEI STARBUCK´S EINEN BUTTERBIER-FRAPPUCHINO!

*Der steht zwar nicht auf der Karte, lässt sich aber im Handumdrehen selbst zusammenbrauen, wenn man weiß, wie! Ordere hierzu einfach zwei Espresso-Shots, zwei Pumpstöße Karamellsirup, drei Pumpstöße Toffee-Nuss-Sirup, drei Pumpstöße Zimtsirup und Milch. Zum Schluss noch etwas Schlagsahne und Karamell-Crumble drauf und fertig ist der Harry-Potter-Klassiker!*

ERKLÄRE SIRI ODER ALEXA, SIE SOLLE DICH KÜNFTIG „VOLDEMORT“ NENNEN.

Nicht der Zauberer sucht sich seinen Zauberstab aus, sondern umgekehrt! Die Elemente, aus denen ein Zauberstab besteht, spiegeln dabei in gewisser Weise den Charakter desjenigen wider, der ihn führt. Harrys Zauberstab zum Beispiel ist aus Stechpalme, mit einer Phönixfeder als Kern.

## WELCHER ZAUBERSTAB PASST ZU DIR?

Gehe auf die Webseite wizardingworld.com und finde es heraus!

---

Aus welchen Elementen besteht dein Zauberstab?

○ SCHENKE JEMANDEM EINE – UND NUR EINE! – EINZELNE SOCKE ALS ZEICHEN DEINER WERTSCHÄTZUNG,

so wie Harry dem Hauself Dobby!
Falls die Socke selbstgestrickt ist, gibt´s
**10 HERMINE-STREBERPUNKTE** extra!

HERMINE-STREBERPUNKTE: ☐

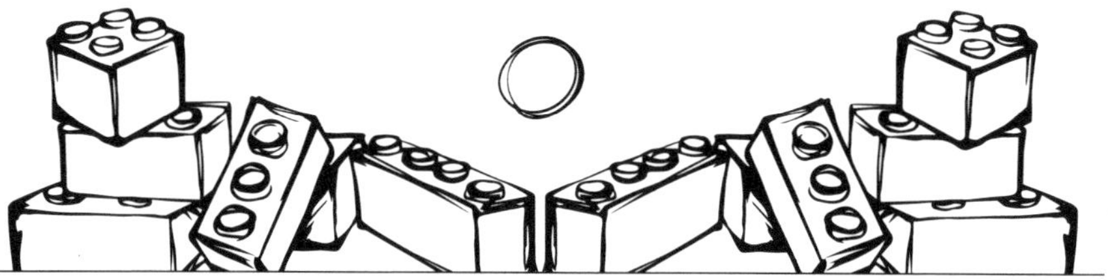

# BAUE HOGWARTS AUS LEGO® NACH!

Bei Bedarf gibt´s hierfür auch ein vorgefertigtes Set.
Und nein, das Ganze muss nicht maßstabsgetreu sein!

# SAMMLE ALLE SCHOKOFROSCH-SAMMELKARTEN, DIE ES GIBT!

In der Muggel-Welt sind das im Gegensatz zum Potter-Versum zwar keine 600, sondern „nur“ zwei Dutzend Karten von berühmten Magiern und Hexen, aber da man ja vorher nie weiß, was man kriegt, bedeutet das, dass du quasi „nebenbei“ jede Menge Schokolade essen darfst. Allein das ist die Mühe doch schon wert!

Spiele das Free-to-Play
Harry-Potter-Handyspiel

# WIZARDS UNITE!

Und wenn du schon am
Daddeln bist, spiele auch gleich
noch das kostenlose HP-Handyspiel

# HOGWARTS MYSTERY!

# SCHENKE JEMANDEM, DER DIR BESONDERS AM HERZEN LIEGT, EINEN EXTRA HÄSSLICHEN WEIHNACHTSPULLOVER –

so einen, wie Ron ihn jedes Jahr traditionell von seiner Mutter geschickt bekommt!

Wenn du diesen Pullover selbst strickst/häkelst/klöppelst/zusammenlötest, gibt´s **10 HERMINE-STREBERPUNKTE** obendrauf!

HERMINE-STREBERPUNKTE: ☐

## ◯ ERGATTERTE EIN AUTOGRAMM VON DEINEM LIEBLINGSDARSTELLER/DEINER LIEBLINGSDARSTELLERIN AUS DEN HARRY-POTTER-FILMEN!

Die besten Chancen hierfür hast du auf einer HP-Convention, auf denen häufig Stars anzutreffen sind, die – meist gegen ein gewisses Honorar – Autogramme geben und Selfies machen. Eine weitere Quelle sind außerdem Online-Auktionshäuser wie ebay.de, usw. Viele Schauspieler verfügen zudem über eine spezielle PR-Agentur, an die man sich wenden kann, um gegen einen frankierten, adressierten Rückumschlag persönliche Autogrammwünsche anzubringen.

# LIES DEINE ZUKUNFT – ODER DIE DEINER FREUNDE – AUS TEEBLÄTTERN,

so wie Professor Trelawney, die etwas wirre Hogwarts-Lehrerin im Wahlfach „Wahrsagen". Harrys Lehrbuch Die Entnebelung der Zukunft hilft dir dabei, die Symbole am Boden der Tasse zu deuten. Dabei gilt: Je näher sich das Symbol am Rand der Tasse befindet, desto früher tritt das entsprechende Ereignis ein. Befindet sich das Symbol hingegen ganz unten am Boden, liegt es noch in ferner Zukunft. Hauptsache, es ist kein Grimm dabei! Unten findest du einige Beispiele; noch viele mehr hält das Internet parat. Einfach die Begriffe „Tasseographie" und „Deutung" googeln!

**Anker** = Reise

**Baum** = Erfolg

**Biene** = Treffen mit Freunden

**Blumen** = Liebe, Ehre, Wertschätzung

**Drache** = Veränderungen stehen bevor

**Eichhörnchen** = Wohlstand in der Zukunft

**Eidechse** = verborgene Feinde

**Esel** = Geduld ist nötig

**Fledermaus** = Enttäuschung

**Flügel** = Neuigkeiten

**Frosch** = geschäftlicher Aufschwung

**Gans** = eine unerwartete Einladung

**Gitarre** = Romanze am Horizont

**Glocken** = gute Nachrichten

**Hand** = Freundschaft

**Hufeisen** = Glück

**Katze** = Verrat

**Kreis** = Liebe

**Meerjungfrau** = Versuchung

**Ring** = Heirat

**Schlinge** = drohende Gefahr

**Schlüssel** = Enthüllung eines Geheimnisses

**Schwert** = Streit mit einem engen Freund

**Skelett** = Krankheit

**Skorpion** = Komplott eines Feindes

**Spaten** = Wohlstand durch Fleiß

**Spinne** = Glück, Geld

**Stuhl** = unerwarteter Gast

**Weinglas** = neue Bekanntschaft

MACH'S WIE PROFESSOR LUPIN UND GEH BEIM NÄCHSTEN VOLLMOND RAUS, UM DEN MOND ANZUHEULEN!

Spiele jemandem einen Streich, so wie Fred und George Weasley.

Fordere deine Freunde zu einem Zauberduell heraus! Wie genau das aussieht, kannst du dir selbst überlegen.

# FLIEGE MIT EINEM VERZAUBERTEN ALTEN FORD ANGLIA,

## SO WIE HARRY UND RON IN *HARRY POTTER UND DIE KAMMER DES SCHRECKENS!*

Okay, zugegeben, das dürfte als Muggel ein bisschen schwierig werden, aber eine Fahrt in einem dieser Oldtimer, die bis 1967 gebaut wurden, sollte doch wohl drin sein! Falls selbst das nichts wird, lass dich zumindest mit einem dieser potthässlichen Automobilklassiker fotografieren! Aber vergiss nicht, Bilder davon unter dem Hashtag #hpbucketlist bei Instagram, Facebook oder Twitter zu posten!

## ÜBERNACHTE IM THE BALMORAL IN EDINBURGH!

In diesem Luxushotel hat J. K. Rowling damals eingecheckt, um *Harry Potter und die Heiligtümer des Todes* in Ruhe zu Ende zu schreiben. Wenn man sich das Hotel so anschaut, hätte sie sich dafür keinen besseren Ort aussuchen können!

Weitere Infos unter balmoralhotel.grandluxuryhotels.com.

Bist du tierlieb? Magst du Nagetiere?

## DANN LEGE DIR EINE RATTE ZU UND NENNE SIE KRÄTZE!

(Falls du etwas gegen Ratten oder Krätze hast, tut´s zur Not auch ein Kuscheltier!)

# ○ GEH MIT DEINEN FREUNDEN ZELTEN,

so wie Harry, Ron und Hermine in
*Harry Potter und die Heiligtümer des Todes* –
allerdings aus einem angenehmeren Grund.
Und möglichst mit besserer Verpflegung!

# ○ BESUCHE DEN LOCH ETIVE IN SCHOTTLAND,

an dessen Ufern Hermine den Grund entdeckt, weshalb Dumbledore Harry das Schwert von Gryffindor vermacht hat und suche die Stelle, an der Hermine ihren Schal um den Baum bindet, nachdem sich Ron und Harry gestritten haben!

Falls du sie tatsächlich findest, bekommst du dafür auch **10 HERMINE-STREBERPUNKTE!**

HERMINE-STREBERPUNKTE:

# FAHRE MIT DEM „ECHTEN“ HOGWARTS-EXPRESS,

dem Jacobite, dem letzten Dampfzug Schottlands! Am besten die gesamte Strecke von Fort William bis in den kleinen Fischerort Mallaig an der Nordostküste, denn auf dieser zweistündigen Fahrt bekommst du gleich mehrere natürliche „Filmkulissen“ zu sehen, die du aus dem Kino kennst – kein Wunder, dass die Filmemacher hier gedreht haben, denn eine magischere Landschaft kann man sich kaum vorstellen!

**Weitere Informationen zum Jacobite gibt´s unter westcoastrailways.co.uk.**

○

## STATTE DEM BERÜHMTEN GLENFINNAN-VIADUKT IN DER NÄHE VON GLEN SHIEL EINEN BESUCH AB!

Im Idealfall fährst du natürlich mit dem „echten" Hogwarts-Express, dem Jacobite-Dampfzug, über das Viadukt, so wie in den Filmen. Eine ikonischere Harry-Potter-Destination als diese gibt es kaum!

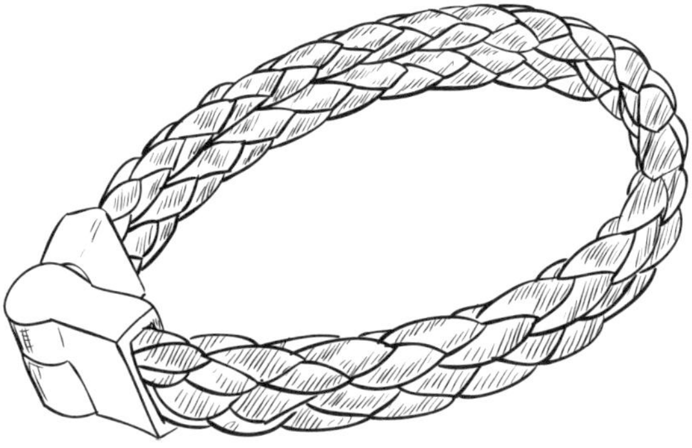

○

## KNÜPFE FÜR DICH UND DEINE FREUNDE FREUNDSCHAFTSBÄNDER IN DEN FARBEN DEINES/EURES HOGWARTS-LIEBLINGSHAUSES!

Detaillierte Anleitungen dazu gibt es zuhauf im Internet.

# Schreibe mit Tinte und Feder

ein HP-inspiriertes Gedicht,
ganz altmodisch auf ein Stück Pergament.

## SPIELE MIT DEINEN FREUNDEN HARRY POTTER: SCENE IT?

Wenn du gewinnst, gibt´s **5 HERMINE-STREBERPUNKTE** extra!

HERMINE-STREBERPUNKTE:

## LEGE EIN HARRY-POTTER-PUZZLE ZUSAMMEN!

Interessant wird´s ab 1000 Teilen, alles darunter ist Slytherin-Kram!

## ◯ LEISTE EINEN UNBRECHBAREN SCHWUR!

Aber vergiss nicht: Wenn du diesen Schwur trotz allem brichst, trifft dich der Schlag und du fällst sofort tot um! Dann war´s das mit dieser Bucket List!

## ○ SCHLAGE EIN BELIEBIGES BUCH AUF S. 394 AUF,

so wie Professor Snape es in Harry Potter und der Gefangene von Askaban während seines Vertretungsunterrichts im Fach „Verteidigung gegen die Dunklen Künste“ von seinen Schülern verlangt.

○ Schleich dich von hinten an jemanden an und rufe laut:

## „IMMER WACHSAM!“,

so wie Alastor „Mad Eye“ Moody in *Harry Potter und der Feuerkelch*!

**Begib dich zum Grimmaudplatz Nr. 12 – oder besser, zum Claremont Square in Islington, London!** Die Hausnummern 23–29 dienten seinerzeit als Außenkulisse für das Hauptquartier des Phönix-Ordens und sind – im Gegensatz zu dem, was Buch und Film suggerieren – für Muggel durchaus sichtbar!

POCH!

POCH!

POCH!

# VERANSTALTE MIT DEINEN FREUNDEN EIN EIGENES TRIMAGISCHES TURNIER!

In welchen drei Disziplinen ihr gegeneinander antretet, bleibt dabei ganz euch und eurer Phantasie überlassen!

# KENNE MINDESTENS 10 HP-ZAUBERSPRÜCHE UND -FLÜCHE AUSWENDIG!

## Zu den bekanntesten gehören u. a.

---

**Accio =**
Lässt Gegenstände aus der Ferne zu einem fliegen

**Alohomora =**
Öffnet jedes normale Schloss

**Amnesia =**
Löscht das Gedächtnis des „Opfers"

**Ascendio =**
Lässt Menschen oder Gegenstände in die Höhe steigen

**Avada Kedavra =**
Todesfluch (unverzeihlich)

**Desillusio =**
Macht Personen unsichtbar

**Expecto Patronum =**
Beschwört einen Patronus herauf

**Expelliarmus =**
Entwaffnet den Gegner

**Finite Incantatem =**
Hebt Flüche auf

**Imperio =**
Imperius-Fluch (unverzeihlich)

**Incendio =**
Entzündet ein Feuer

**Lumos =**
Erzeugt Licht

**Nox =**
Löscht das Licht

**Reparo =**
Repariert zerbrochene Gegenstände

**Wingardium Leviosa =**
Lässt Gegenstände schweben oder fliegen

---

Für jeden weiteren Zauberspruch oder Fluch, den du kennst, gibt's einen HERMINE-STREBERPUNKT extra!

HERMINE-STREBERPUNKTE: ☐ ◯

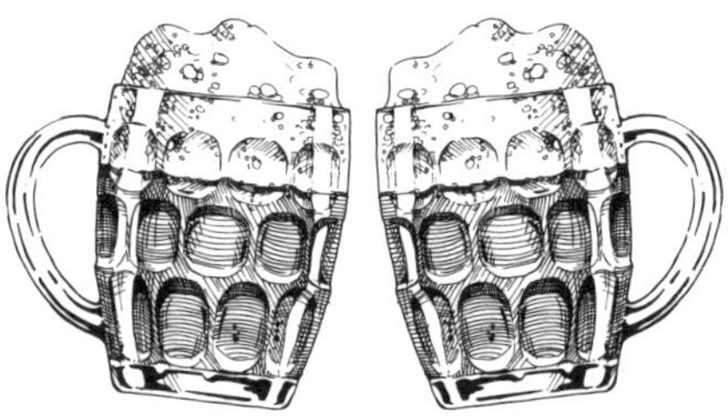

BESUCHE EIN CAFÉ ODER LOKAL, IN DEM

# BUTTERBIER

SERVIERT WIRD!

○

## SCHICKE EINEM FREUND/EINER FREUNDIN EINEN PERSONALISIERTEN HOGWARTS-AUFNAHMEBRIEF!

## ○ Lies Harry-Potter-Fanfiction!

Das Internet ist voll davon.
Einfach mal googeln!

# VERKLEIDE DICH AN HALLOWEEN ALS TODESSER

*und erschrecke deine Nachbarn bei „Süßes oder Saures!" zu Tode!*

**Besorge dir einen Zeitumkehrer und erlebe die schönsten Momente deines Lebens noch einmal – zumindest in deiner Erinnerung.**

Vielleicht hat Professor McGonagall ja noch einen übrig. Falls nicht, schau einfach mal im Internet!

# ERSTELLE EINE TITELSEITE DES *TAGESPROPHETEN*

## MIT FOTOS UND TEXTEN VON DIR UND DEINEN FREUNDEN!

Entsprechende – kostenlose – Vorlagen findest du im Internet unter den Suchbegriffen „harry potter, daily prophet, template" z. B. bei Pinterest.

# Schau dir *VOLDEMORT: ORIGINS OF THE HEIR* (2018) an!

Dieser, durch eine Crowdfunding-Kampagne finanzierte, ausgesprochen sehenswerte Fan-Film ist eine Art inoffizielles Prequel zur Harry-Potter-Saga, 58 Minuten lang und kostenlos auf dem Youtube-Kanal von Tryangle Films verfügbar.

# LERNE DIE TYPISCHEN HARRY-POTTER-BEGRIFFE, UM DICH ALS ECHTER POTTERHEAD ZU OUTEN

und leichter mit anderen HP-Fans kommunizieren zu können! Und damit sind nicht bloß Dinge wie z. B. „Muggel", „Halbblut" oder „Schnatz" gemeint, sondern vor allem Redewendungen wie „Bei Merlins Bart!" oder „Würgende Wasserspeier!" Auch Flüche wie „Friss Schnecken!" solltest du vorzugsweise aus dem FF beherrschen. Man weiß schließlich nie, wann einem ein Malfoy über den Weg läuft ...

## Mach´s wie Professor Dumbledore und gönn dir in aller Ruhe eine schöne Tasse Tee!

# UNTERNIMM EINE KUTSCHFAHRT,

so wie die Schüler von Hogwarts, die zu Beginn jedes Schuljahres vom Bahnhof in Hogsmeade mit Kutschen in die Zauberschule fahren. Am besten allerdings mit vorgespannten Pferden, sonst könnte das eine relativ langwierige – und langweilige – Fahrt werden …

# ERFINDE EINEN EIGENEN ZAUBERSPRUCH!

Die Zaubersprüche im Potter-Versum funktionieren im Grunde alle nach demselben Prinzip. Sie bestehen aus ein oder zwei Wörtern und sind meist ans Lateinische angelehnt (z. B. Protego, Expecto Patronum). Nur ganz wenige sind reine Fantasiewörter (etwa Avada Kedavra).

Dein Zauberspruch lautet

Und er bewirkt

# BASTLE EINEN SÜSSEN GOLDENEN SCHNATZ!

Das ist kinderleicht! Du brauchst dafür nichts weiter als:

– einige Ferrero Rocher
– weißes Papier
– Zahnstocher
– Flüssigkleber
– eine Schere

Schneide aus einem weißen Blatt Papier längliche, nicht zu große, möglichst symmetrische „Flügel" aus. Schneide diese in regelmäßigen Abständen von ca. 2 mm bis knapp vor die Mitte ein.

Bestreiche die Mitte der „Flügel" mit Klebstoff, lege jeweils einen Zahnstocher hinein, klappe sie zu und drücke sie fest zusammen. Dabei darauf achten, dass die Zahnstocher noch ca. 3–4 cm aus dem „Flügel" ragen! Bastle auf diese Weise mehrere Paar Schnatz-Flügel, die du dann mittels der Zahnstocher links und rechts in die Ferrero Rochers steckst, und fertig sind die Schnatze!

Besuche

# HARRY POTTER: THE EXHIBITION!

Schau dir bei dieser großartigen Reiseausstellung viele Originalrequisiten, -kostüme und -sets aus den HP-Filmen an! Nähere Informationen zur Ausstellung, zu Tickets und Terminen findest du im Internet unter harrypotterexhibition.com.

# NIMM IN LONDON AN EINER HARRY-POTTER-STADTFÜHRUNG TEIL!

Davon gibt es gleich ein ganzes Dutzend, u. a. Film Locations in der City oder Explore Harry Potter´s London. Als beste „HP-Walking Tour" gilt allerdings gemeinhin die Tour for Muggles. Nähere Infos hierzu gibt´s unter tourformuggles.com.

**Es gibt nicht bloß Bücher mit Harry Potter, sondern noch viele mehr über ihn! Lies eins davon!**

Ein besonders aufschlussreiches ist z. B. *Harry Potter – Eine Geschichte voller Magie,* das zahlreiche faszinierende Textartefakte aus den Archiven der British Library sowie noch nie zuvor veröffentlichte Schätze aus dem persönlichen Besitz von J. K. Rowling enthält.

# ○ LERNE TANZEN,

so wie Harry, Ron und Hermine in *Harry Potter und der Feuerkelch* als Vorbereitung für den traditionellen Weihnachtsball – einen „Abend gepflegt-manierlichen Übermutes“, wie Professor McGonagall es so bezaubernd formuliert. Ein paar Schritte genügen.

Es muss ja nicht Flamenco sein – Ein klassischer Walzer tut´s auch! Hauptsache, du machst Hogwarts keine Schande, indem du dich benimmst, als würdest du zu einer „blamablen, blindwütigen Bande von Brüllaffen“ gehören.

Übrigens: Wenn du es schaffst, das dreimal schnell hintereinander zu sagen, gibt’s **3 HERMINE-STREBERPUNKTE!**

☐ HERMINE-STREBERPUNKTE

◯ *Besuche den Buchladen*

# „Livraria Lello"

*in Porto, Portugal!*
*Diese Buchhandlung gehört zu den schönsten Europas und diente J. K. Rowling, die in den 1990er Jahren in der Stadt Englisch unterrichtet hat und hier einst ein- und ausging, als Inspiration für die Bibliothek von Hogwarts.*

Statte dem Greyfriars Kirkyard in Edinburgh einen Besuch ab! Die Grabsteininschriften auf diesem Friedhof haben J. K. Rowling zu den Namen vieler ihrer Figuren inspiriert.

**10 HERMINE-STREBERPUNKTE** gibt's obendrauf, wenn du die Gräber von Thomas Riddell und William McGonagall findest.

☐ HERMINE-STREBERPUNKTE

# LASS DIE EIN HP-TATTOO DEINER WAHL MACHEN!

Es kann natürlich auch aus Henna sein. Oder ein Klebetattoo, ganz egal. Hauptsache, man erkennt deine magische Gesinnung! Bloß das Dunkle Mal wäre wohl eher unangemessen …

# BESUCHE DIE GEORGE HERIOT SCHOOL IN EDINBURGH,

*die J. K. Rowling als Inspiration für Hogwarts diente! Diese altehrwürdige Eliteschule liegt direkt hinter dem Greyfriars Kirkyard und verfügt über vier Türme, in denen vier Häuser untergebracht sind. Die heißen allerdings nicht Gryffindor, Slytherin, Ravenclaw und Hufflepuff, sondern Greyfriars, Lauriston, Raeburn und Castle.*

# BRAUE DEIN EIGENES BUTTERBIER!

Es gibt etliche Varianten dieser Zauberwelt-Spezialität, die nach Belieben warm oder kalt genossen werden kann. Rezepte dafür findest du zuhauf im Internet.

# STATTE DEM PUB THE CAULDRON EINEN BESUCH AB!

Ableger dieser außergewöhnlichen Bar-Kette – eine Mischung aus Harry Potter und Chemielabor – gibt´s in London, Dublin, Edinburgh und New York City. Hier kannst du unter „fachkundiger Anleitung" deine eigenen magischen „Zaubertränke" brauen, und das am besten mit 2–3 Freunden.

Nähere Informationen hierzu findest du unter theclaudron.io. Und mal ehrlich: Wann hat man schon Gelegenheit, mitzuerleben, wie Drinks aus einem Einhornkopf gezapft werden?

Versieh die Lichtschalter bei dir Zuhause mit Lumos/Nox-Aufklebern.

Sei für jemanden, der aufgrund von Alter, Krankheit oder Gebrechen etwas Unterstützung im Alltag gut gebrauchen kann, einen Tag lang ein fleißiger Hauself. So wie Dobby – selbstlos und hilfsbereit!

# STELLE DICH DEINER GRÖSSTEN ANGST!

Fürchtest du dich vor Spinnen, so wie Ron? Dann nimm eine auf die Hand – möglichst eine richtig große – und überwinde deine Ängste! Das geht selbstverständlich auch mit Irrwichten, Ratten oder Dementoren.

# VERANSTALTE EINE TODESTAGSFEIER FÜR DEN FAST KOPFLOSEN NICK!

Mit allem, was dazugehört: Luftschlangen, Konfetti, schwarze Kerzen und natürlich all die fragwürdigen Leckereien, die der Geist seinen Besuchern im Roman *Harry Potter und die Kammer des Schreckens* serviert: verdorbener Fisch, rabenschwarze verbrannte Brötchen, ein Käselaib, überzogen mit flaumigem grünem Moder, und – das absolute Highlight – ein gewaltiger Kuchen in der Form eines Grabsteins, verziert mit einer Art schwarzem Teer, der die Worte bildet: Sir Nicholas De Mimsy-Porpington.

**Die Rezepte für die Zubereitung all dieser Speisen findest du übrigens hier: Das inoffizielle Kochbuch für Harry Potter Fans**

# LERNE DAS HOGWARTSLIED,

die Schulhymne der Hogwartsschule für Hexerei und Zauberei. Die Schüler singen dieses Lied zu Beginn jedes neuen Schuljahres. Dies ist der Text:

*Hogwarts, Hogwarts, hoggy-hoggy-Hogwarts,*
*bring uns was Schönes bei.*
*Ob alt und kahl oder jung und albern,*
*wir sehnen uns Wissen herbei.*
*Denn noch sind unsre Köpfe leer,*
*voll Luft und toter Fliegen.*
*Wir wollen nun alles lernen,*
*was du uns bisher hast verschwiegen.*
*So lehr uns über die Maßen,*
*bring zurück, was wir vergaßen,*
*gib dein Bestes – wir können's brauchen,*
*unsere Köpfe, sie sollen rauchen!*

## UNTERSTÜTZE EIN HERZENSPROJEKT DER HARRY-POTTER-DARSTELLER!

Während sich Emma Watson seit langem für Gleichstellung einsetzt und u. a. die UN-Solidaritätskampagne HeForShe (www.heforshe.org) unterstützt, setzt sich Daniel Radcliffe aktiv für das Demelza House ein, ein Kinder-Hospiz, das todkranke Kinder und ihre Familien in Kent, East Sussex und South London unterstützt.

Weitere Informationen zu diesem wichtigen Thema findest du im Internet unter www.demelza.org.uk.

## BESUCHE ALNWICK CASTLE IN NORDENGLAND!

*Dieses riesige Schloss – nach Windsor Castle der zweitgrößte Adelssitz Englands – diente als Kulisse für die Außenaufnahmen der ersten beiden Harry-Potter-Filme.*

Und wenn du schon mal da bist …

# NIMM EINE „FLUGSTUNDE“ AUF ALNWICK CASTLE!

Hier bringen dir professionelle Zauberschulprofessoren bei, wie man auf einem Besen reitet – und zwar genau an der Stelle, an der Harry im Film *Harry Potter und der Stein der Weisen* seine erste Flugstunde hat!

# Veranstalte eine Harry-Potter-Mottoparty

und serviere dabei Snacks & Getränke aus dem Potter-Versum!

## STATTE DEM LIGUSTERWEG NR. 4 IN LITTLE WHINGING, SURREY, EINEN BESUCH AB!

Oder besser: dem Ort, der in den Filmen als Kulisse für das Haus der grässlichen Familie Dursley diente. In Wahrheit lautet die Adresse: 12 Picket Post Close in Bracknell, Berkshire, ca. 30 Meilen westlich von London.

Eine 1:1-Nachbildung des Hauses steht zwar auch in den Leavesden Studios, aber warum sollte man sich mit einer Kopie zufriedengeben, wenn man das Original haben kann?

# LERNE SCHACHSPIELEN–

nicht nur, aber auch für den Fall, dass du irgendwann einmal gezwungen sein solltest, eine Partie Zauberschach zu spielen, bei der es um Leben und Tod geht, so wie Ron auf der Suche nach dem Stein der Weisen.

# SCHICKE J. K. ROWLING (**@JK_ROWLING**) EINEN TWEET AUF TWITTER!

Falls sie darauf antwortet, gibt´s spektakuläre
30 HERMINE-STREBERPUNKTE extra!

HERMINE-
STREBERPUNKTE

Sieh dir im Zoo, in einem Vogelpark oder wo immer möglich, eine Schneeeule wie Hedwig an.

Zeige deine „Gesinnung“ und

## TRAGE EINEN SCHAL IN DEN FARBEN DEINES HOGWARTS-LIEBLINGSHAUSES!

**10 HERMINE-STREBERPUNKTE** gibt´s obendrauf, wenn du diesen Schal selbst strickst/häkelst/klöppelst/bastelst.

HERMINE-STREBERPUNKTE:

# TANZ DEN HIPPOGREIF!

Und zwar mit dem grandiosen Song „Do the Hippogriff" von The Weird Sisters, den die Band im Film *Harry Potter und der Feuerkelch* auf dem Weihnachtsball so mitreißend zum Besten gibt! Du findest den Song u. a. bei Youtube.

# BASTLE EIN „LEBENDES" GEMÄLDE, SO WIE SIE ÜBERALL IN HOGWARTS HÄNGEN!

Alles, was du dafür brauchst, sind im Grunde bloß ein digitaler Bilderrahmen und ein altmodischer Bilderrahmen, den du darum herum befestigst.

# SCHAFF DIR EINE BRILLE AN, **SO WIE HARRY SIE TRÄGT!**

FALLS DU GAR KEINEN SEHFEHLER BESITZT,
TUT'S AUCH EINE MIT GLÄSERN AUS FENSTERGLAS.

# BRAUE DEIN EIGENES FLÜSSIGES GLÜCK (FELIX FELICIS)!

Und zwar z. B. so:

ZUTATEN
Für ca. 1 Liter Felix Felicis (Honiglikör)

500 g Blütenhonig
750 ml Kornbrand
1 Zimtstange
1 Vanilleschote
1 Kardamomkapsel
etwas Zimtblüte
1–2 Nelken

Außerdem erforderlich: 2–3 kleinere oder 1 große Zaubertrankflasche, essbarer Glitzer oder essbares Blattgold, 1 großes Einweckglas

1. Den Honig in das Einweckglas geben. Den Korn darübergießen und so lange verrühren, bis sich der Honig vollständig aufgelöst hat. Anschließend alle Gewürze hineingeben, das Glas verschließen und 3–4 Wochen an einem dunklen, kühlen Ort ziehen lassen. Alle paar Tage kräftig schütteln.

2. Den fertigen Likör durch ein feines Sieb seihen und in die heiß ausgewaschenen Flaschen geben. Etwas essbaren Glitzer oder kleine Stückchen essbares Blattgold hineingeben, um dem Ganzen einen möglichst magischen Look zu verleihen. Die Flaschen verschließen und gut durchschütteln. Optional mit einem hübschen Etikett versehen.

TIPP: Obwohl der Likör jetzt bereits gut trinkbar ist, schmeckt er noch besser, wenn du ihn einige Wochen länger ziehen lässt!

# LASS ANDERE AN DEINEM GLÜCK TEILHABEN

UND VERSCHENKE ETWAS VON DEINEM SELBSTGEBRAUTEN FELIX FELICIS AN DEINE FREUNDE.

# ○ BESUCHE DEN LOCH SHIEL,

*den „Hogwarts-See“ aus den Harry-Potter-Filmen! Es zählt auch, wenn du auf der Fahrt mit dem „echten“ Hogwarts-Express, dem Jacobite, daran vorbeifährst.*

# Statte Glen Coe einen Besuch ab! ○

Dieses berühmte Tal vulkanischen Ursprungs ist in den Filmen regelmäßig im Hintergrund zu sehen, u. a. in der Szene, in der Hermine Draco Malfoy volle Knolle ins Gesicht schlägt – mit Sicherheit einer der befriedigendsten Momente in der gesamten Harry-Potter-Historie!

# GÖNN DIR EINE PACKUNG SCHOKOFRÖSCHE!

Du bekommst diese Süßigkeit in zahlreichen Shops im Internet, genau wie viele andere Leckereien aus dem Potter-Versum. Aber beeil dich lieber, bevor Ron Wind davon bekommt und dir alle wegisst, denn bekanntlich liebt er Schokofrösche über alles!

**Besorge dir das Tagebuch von Tom Vorlost Riddle,** um deine eigenen – hoffentlich nicht ganz so düsteren – Gedanken darin zu notieren!

# BESUCHE DEN LOCH EILT ○

in der Nähe des Ortes Glenfinnan. Auf der kleinen, von Bäumen bewachsenen Insel im See liegt in den HP-Filmen das Grab von Albus Dumblebore. Es zählt auch, wenn du auf der Fahrt mit dem „echten" Hogwarts-Express am See und an der Insel vorbeifährst.

○

# LASS MIT HILFE EINES VERSCHWINDE-ZAUBERS EINE GANZE SCHALE HP-SÜSSIGKEITEN VERSCHWINDEN!

Solltest du diesen Zauber nicht beherrschen, kannst du die Leckereien auch einfach aufessen!

Nimm an der

# WARNER BROS. STUDIO TOUR LONDON – THE MAKING OF HARRY POTTER

in den

# LEAVESDEN STUDIOS

teil und schau dir hier neben Originalkostümen und -requisiten sowie zahlreichen Zauberwesen wie der Riesenspinne Aragog, dem Basilisken oder den Hippogreif Seidenschnabel folgende atemberaubende Filmsets an:

- ◯ Die Große Halle
- ◯ Der verbotene Wald
- ◯ Gleis 9¾
- ◯ Die Winkelgasse
- ◯ Und wenn du schon mal dort bist, lass dich vor dem Greenscreen in authentischer Hogwarts-Robe bei einem spektakulären Besenritt fotografieren!

## NIMM IN EDINBURGH AN EINER HARRY-POTTER-STADTFÜHRUNG TEIL!

Davon gibt es gleich ein halbes Dutzend, die dich auf den Spuren von Harry Potter und J. K. Rowling u. a. auf den Greyfriars Kirkyard, zur George Heriot School und in die Victoria Street führen. Die meisten dieser Touren dauern ca. 2 Stunden und eine der besten ist sogar kostenlos!

**Weitere Infos zur „Free Harry Potter Tour" gibt´s unter freeharrypotter.com.**

# GÖNN DIR EIN ESSEN IM RESTAURANT THE WITCHERY BY THE CASTLE IN EDINBURGH,

fünf Minuten Fußmarsch vom Edinburgh Castle entfernt, um in einer Umgebung zu schlemmen, die der Großen Halle von Hogwarts in nichts nachsteht! Dafür, dass das Restaurant zu den besten in ganz Schottland gehört, sind die Preise relativ kulant, zumal du hier die Chance hast, J. K. Rowling persönlich zu begegnen, die hier regelmäßig einkehrt.

**Weitere Informationen hierzu findest du unter www.thewitchery.com.**

„Haben Sie diesen Zauberer gesehen?“ Jeder kennt dieses berühmte Plakat, mit dem nach Sirius Black gefahndet wird. Man kann dieses Plakat käuflich erwerben – ohne das Bild von Sirius, dem „Gefangenen von Askaban“. Stattdessen ist an dieser Stelle ein Loch – für dich!

**BESORGE DIR DAS PLAKAT, MACHE EIN FOTO VON DIR DAHINTER (AM BESTEN STILECHT IM KOSTÜM DEINES LIEBSTEN HP-CHARAKTERS) UND SCHREIBE DICH SELBST ONLINE ZUR FAHNDUNG AUS,**

unter dem Hashtag #hpbucketlist bei Instagram, Facebook oder Twitter!

○

## BESUCHE DAS CHRIST CHURCH COLLEGE IN OXFORD!

Hier wurden zahlreiche Szenen der HP-Filme gedreht. Zudem war der Speisesaal mit seiner prachtvollen Holzdecke und den vielen Porträts ehemaliger Studenten an den Wänden – darunter u. a. John Locke, Heinrich VIII. und Lewis Carroll, dem Autor von Alice im Wunderland – Vorbild für die Große Halle von Hogwarts.

## UND WENN DU SCHON IN OXFORD BIST, NIMM UNBEDINGT AN DER HARRY-POTTER-WALKING TOUR TEIL!

Auf dieser zweistündigen Führung besucht man nicht bloß das Christ Church College, sondern auch die Divinity School, deren Bibliothek – die Bodleian Library – Fans der Filme unschwer als Hogwarts´ Krankenflügel wiedererkennen. Außerdem dienten diese Räumlichkeiten als Tanzsaal für die Proben zum Winterball in *Harry Potter und der Feuerkelch.* Und gleich nebenan befindet sich die Duke Humfrey´s Library, besser bekannt als die Verbotene Abteilung. Hier gibt´s also jede Menge zu sehen!

# ○ Zeige deine „Farben"

und lege dir eine
HP-Handyhülle mit
einem Motiv deiner
Wahl zu!

FALLS DU EINEN KAMIN ZUHAUSE HAST, STELL DICH DAVOR, WIRF FLOHPULVER VOR DEINE FÜSSE (MEHL TUT´S AUCH) UND RUF DABEI LAUT: „WINKELGASSE!“

Sollte gerade kein Kamin verfügbar sein, nimm stattdessen den Küchenherd. Achte aber darauf, dass Kamin und Herd dabei aus sind – und halte Feger und Schaufel bereit, um die Sauerei hinterher wieder sauberzumachen …

# BESUCHE DEN BAHNHOF VON HOGSMEADE,

oder besser: die Goathland Railway Station der North Yorkshire Moors Railway in Goathland im North York Moors National Park, wo die entsprechenden Aufnahmen für die HP-Filme gedreht wurden!

# ○ LÖSE EINEN HARRY-POTTER-ESCAPE-ROOM!

*Insgesamt gibt es in Deutschland ein halbes Dutzend Städte, in denen HP-Live Escape Rooms angeboten werden, u. a. in Köln, Bochum, Krefeld, Nürnberg und Berlin. Ziel dieser Escape Rooms ist es, zusammen mit einer Gruppe von Spielern innerhalb eines bestimmten Zeitlimits aus einem von HP inspirierten Raum zu entkommen, z. B. aus einer Bibliothek, einer Schatzkammer oder einem Labyrinth.*

Teile dir mit deinem besten Freund/deiner besten Freundin ein Corned-Beef-Sandwich, so wie Ron und Harry bei ihrer allerersten Begegnung im Hogwarts-Express!

○

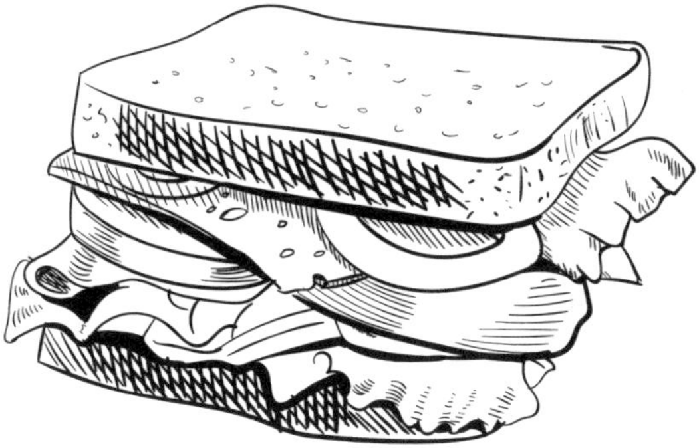

GENIESSE DEINEN MORGENTEE STILECHT AUS EINEM HOGWARTS-KESSEL!

Diese coolen Becher gibt's z. B. im Internet und in Merchandise-Läden wie Elbenwald oder Close-up.

# BAUE IN DEINEM EIGENEN HERBARIUM „ZAUBERKRÄUTER" AN!

Alles, was du dafür brauchst, sind ein möglichst großer Blumenkasten, Blumenerde, die entsprechenden Samen und hin und wieder etwas Wasser. Egal, ob Dill, Basilikum, Liebstöckel, Salbei, Kamille oder „exotischere" Gewächse wie abessinische Schrumpelfeige, Kiemenkraut oder Teufelsschlinge … Erlaubt ist, was gefällt!

Und das Beste daran: All diese Kräuter wachsen praktisch überall und können - entweder frisch oder getrocknet - zur Zubereitung magischer Tränke und zauberhaft leckerer Mahlzeiten verwendet werden!

# Besuche das College of Wizardry!

Die Burg Tzschocha in Polen, nicht allzu weit von der deutsch-polnischen Grenze bei Görlitz entfernt, verwandelt sich regelmäßig in eine Art Universität für Hogwarts-Absolventen. Hier bekommt man dann Unterricht im Besenreiten und Zaubertränke-Brauen. Dieses Event findet jeweils über ein verlängertes Wochenende (vier Tage) statt und ist eine absolut großartige LARP-Erfahrung (LARP = Live Rollenspiel).

Obwohl es nicht zwingend erforderlich ist, sich zu diesem Anlass Potter-mäßig zu verkleiden, macht es natürlich viel mehr Spaß. Lediglich zwei Rollen sind verboten: Albus Dumbledore und Der-dessen-Name-nicht-genannt-werden-darf.

Mehr über künftige Termine, Ticketpreise und alles weitere zum College of Wizardry unter www.cowlarp.com.

# STATTE DER „WIZARDING WORLD OF HARRY POTTER“ EINEN BESUCH AB!

Diesen Freizeitpark gibt es in Orlando, Florida, in Hollywood und in Osaka, Japan. Jeder dieser Parks ist ein bisschen anders, aber in allen dreien dreht sich alles um den „Jungen, der überlebt hat“, und egal, welchen du aufsuchst, du solltest dort unbedingt Folgendes ausprobieren:

- ◯ Fahre mit dem Hogwarts-Express in beide Richtungen!
- ◯ Posiere mit einem der Schaffner für ein Foto vor dem Hogwarts-Express!
- ◯ Fahre mit allen drei Thrill-Rides!
- ◯ Mach ein Selfie mit dem Rasenden Ritter!
- ◯ Schau dir das erleuchtete Hogwarts am Abend an!
- ◯ Mach ein Selfie mit Hogwarts im Hintergrund!
- ◯ Wirke Zauber mit einem interaktiven Zauberstab!
- ◯ Schau dir alle vier Live-Shows an!
- ◯ Trink etwas im Drei Besen und halte dabei Ausschau nach den Schatten von Hauselfen und Eulen!
- ◯ Iss etwas im Tropfenden Kessel!
- ◯ Probiere jede Sorte Butterbier, die im Park angeboten wird!
- ◯ Koste magische Süßigkeiten im Honigtopf!
- ◯ Statte jedem Shop im Park einen Besuch ab!
- ◯ Spaziere nach Einbruch der Dunkelheit durch Hogsmeade!
- ◯ Verschicke mit der Eulenpost eine Postkarte an deine Lieben!
- ◯ Sieh dich in der Winkelgasse um!
- ◯ Gehe in den Läden in der Nokturngasse shoppen!
- ◯ Lausche auf dem WC dem Gejammer der Maulenden Myrte!
- ◯ Lass dich in Ollivanders Zauberstabladen von einem Zauberstab auswählen!
- ◯ Lass dich bei Derwisch und Banges vom „Buch der Monster“ attackieren!

**Und wenn du es extra zauberhaft willst:**

- ◯ Besuche die „Wizarding World“ zur Weihnachtszeit!

LEGE DIR EINE FUNKO-POP-WACKELKOPFFIGUR DEINES HARRY-POTTER-LIEBLINGSCHARAKTERS ZU! (DOBBY IST EINFACH DER KNALLER!)

# Kuschle mit einem ungarischen Hornschwanz –

oder wenigstens mit einem entsprechenden Plüschungetüm!

# BASTLE DIR DEIN EIGENES **HARRY-POTTER-LESEZEICHEN!**

Anleitungen hierzu findest du jede Menge im Internet.

# NIMM AN EINEM QUIDDITCH-SPIEL TEIL!

Diese Sportart ist in der Zauberwelt bekanntermaßen ausgesprochen beliebt und obwohl Muggel-Besen für gemeinhin nicht fliegen, orientieren sich die Spielregeln ansonsten 1:1 an denen, wie man sie aus dem Potter-Versum kennt.

Wer in die Fußstapfen von Viktor Krum treten möchte, sollte also unbedingt der Webseite des deutschen Quidditch-Bundes einen Besuch abstatten unter **deutscherquidditchbund.de.**

# GRÜNDE DEIN EIGENES QUIDDITCH-TEAM,

und wenn auch nur für einen Tag!
Und gib deinem Team einen coolen, Harry-Potter-mäßigen Namen!

Dein Quidditch-Team heißt

# BESUCHE DIE QUIDDITCH-WELTMEISTERSCHAFT!

Ja, die gibt´s wirklich!
Der IQA World Cup ist ein internationaler Quidditch-Wettbewerb, der alle zwei Jahre von der International Quidditch Association ausgetragen wird. Erstmals fand das Turnier im Vorfeld der Olympischen Sommerspiele in Oxford statt.

Nähere Informationen hierzu gibt´s im Internet unter https://www.iqasport.com/.

# AUSWERTUNG DER HERMINE-STREBERPUNKTE

Für einige „Aufgaben" auf dieser Bucket List konntest du neben Ruhm, Ehre und unvergesslichen Erfahrungen auch ein gewisses Maß an Hermine-Streberpunkten für besondere Leistungen einheimsen. Wie viele Punkte hast du insgesamt zusammenbekommen?

..............................................................................................................................

HERMINE-STREBERPUNKTE

## 1 – 30 PUNKTE

Gar nicht übel! Aber vielleicht solltest du noch etwas mehr Zeit in der Bibliothek verbringen und ein bisschen mehr lesen, anstatt immer bloß vor Netflix abzuhängen?

## 31 – 60 PUNKTE

Großartige Leistung! Hermine wäre stolz auf dich!

## 61 – 90 PUNKTE

Hermine Granger? Wer ist Hermine Granger?

## 91 – 120 PUNKTE

Bewirb dich unbedingt für den Schulleiter-Posten in Hogwarts! Bei deinem ausufernden Wissen über alles, was mit Harry Potter im Speziellen und Zauberei und Hexerei im Allgemeinen zu tun hat, macht dir niemand etwas vor!

## 121 PUNKTE UND MEHR

Bei Merlins Bart! Der Schulleiter-Posten von Hogwarts ist dir sicher!